AHHHH
I'M SO BORED!

Activity Book for Teens

This Book Belongs to

_____

GUYS CLUB

WELCOME AND THANK YOU
FOR PURCHASING THIS PAPERBACK BOOK

For more from Gamer Girl Pro and the Made By Teens Series use this QR code here!

Serious Note

Gamer Girl is not responsible for any other form of this books binding outside of the perfect binding type Amazon offers for our books. Spiral bound or any other form outside of the paperback was not created or product tested by Gamer Girl. We take product reprint or rebinding very seriously and will be looking into this matter to make sure our customers get the best for the best price.

We will never ask you to pay more than the listed paperback price no matter the binding type.

We want our books to be affordable for all!

INSTRUCTIONS

Make a mess of this book!

Play with your friends or alone to pass the time.

Each game has individual instructions.

Solutions to puzzles are in the back of the book

Most of all have some fun!

HANGMAN

The game is typically played between two people.

- One person, the 'host' chooses a word and marks the length of the word on the grid.

- The other player has to guess the letters in this word/phrase before all the parts of the hangman are drawn.

- If the player guesses correctly the letter is marked in the correct place, if the player guesses incorrectly the host draws another part of the hangman.

- The game continues until the word/phrase is guessed (all letters are revealed) in this case the second person has won

OR

- All the parts of the hangman are displayed in which case the second person has lost.

DOTS AND BOXES

The goal is to own as many squares/boxes as possible. Two players take turns one by one making a line connecting dots with only vertical and horizontal lines. If a player completes the fourth side of a box then he/she has to write his/her initials in the box and then takes an extra turn.

Who ever completes the most boxes wins!

SOCCER GAME

- A virtual ball is placed in the center of the field. Players move the ball taking turns and aiming to the opponents goal.

- The ball may be moved into one of the 8 paper line crossings around it (horizontally, vertically, or diagonally) one box at a time. Make sure to draw a line to the new position on each turn.

- The ball is not allowed to hit the field border NOR go back to past moves BUT it can bounce off of them creating a second move for the player.

- The first player to place the ball in the opponents goal wins the game
OR
The game may also end when a player does not have a valid move.

SUDOKU

Sudoku is a single player logic puzzle using numbers. You are given a 9x9 grid with numbers in random places based off of difficulty level.
The object is to place the numbers 1 through 9 so that
1. Each row and column have numbers 1 through 9.
2. Each box; 3x3 square have numbers 1 through 9.
3. With no repeats in the same row, column, or box.

HANGMAN

WORD: _____

A B C D E F G H I J K L M N
O P Q R S T U V W X Y Z

WORD: _____

A B C D E F G H I J K L M N
O P Q R S T U V W X Y Z

WORD: _____

A B C D E F G H I J K L M N
O P Q R S T U V W X Y Z

WORD: _____

A B C D E F G H I J K L M N
O P Q R S T U V W X Y Z

WORD: _____

A B C D E F G H I J K L M N
O P Q R S T U V W X Y Z

WORD: _____

A B C D E F G H I J K L M N
O P Q R S T U V W X Y Z

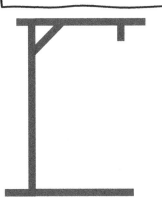
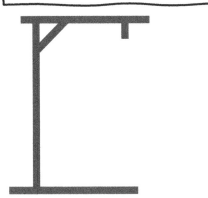

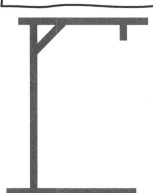

SOCCER GAME

DOTS AND BOXES

Total Score	Total Score

3D WEAVE MAZE #1

Start

Finish

HANGMAN

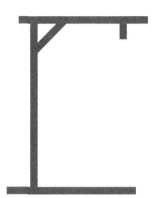

WORD: _____

A B C D E F G H I J K L M N
O P Q R S T U V W X Y Z

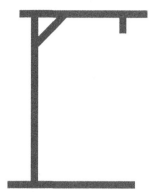

WORD: _____

A B C D E F G H I J K L M N
O P Q R S T U V W X Y Z

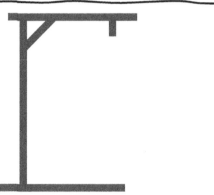

WORD: _____

A B C D E F G H I J K L M N
O P Q R S T U V W X Y Z

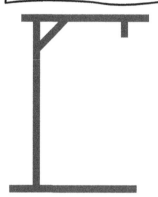

WORD: _____

A B C D E F G H I J K L M N
O P Q R S T U V W X Y Z

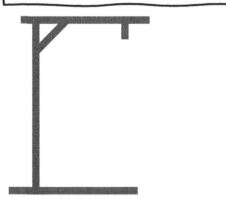

WORD: _____

A B C D E F G H I J K L M N
O P Q R S T U V W X Y Z

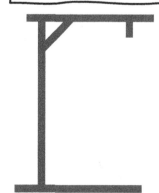

WORD: _____

A B C D E F G H I J K L M N
O P Q R S T U V W X Y Z

SOCCER GAME

EASY

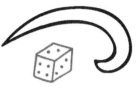

Puzzle 1

	9	1		6		5	2	4
2	7	3	8	4	5	9	1	6
			9	2	1	3		8
4	6	8				7		5
		2	4			8		3
		7	5	8	6	1		
		9	6	3		4		1
3				5				7
6		5	1			2	3	9

Puzzle 2

4		2	5	8	9	1	6	3
	9	1		4	2		7	5
		3	1					
	5	6	7			4	8	9
	2		4	5	8			6
		4	6			1	7	
3	6	5		7	4		2	1
9			2				3	8
2		8	9			6	5	7

Puzzle 3

	5	1	4				9	
8	9	7			5	2	1	
2			8	1				5
4	1	6	7		3	9		
5	2			4	6	7	3	
		9		2			6	5
	6	2	5		7			9
	7	4	6	3	1	5	2	
	8		2	9		1	7	6

Puzzle 4

3			6					8
4	5		9	1	8	3	6	
6			8	7	3	2	9	4
9		5		6	7	2		3
7		1	2	9	3			
			1	4		7		6
8		2		7				1
5		4				6	2	9
		6	4			8	5	7

DOTS AND BOXES

Total Score	Total Score

HANGMAN

WORD: _____

A B C D E F G H I J K L M N
O P Q R S T U V W X Y Z

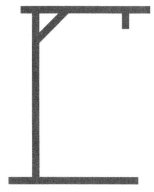

WORD: _____

A B C D E F G H I J K L M N
O P Q R S T U V W X Y Z

WORD: _____

A B C D E F G H I J K L M N
O P Q R S T U V W X Y Z

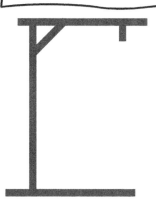

WORD: _____

A B C D E F G H I J K L M N
O P Q R S T U V W X Y Z

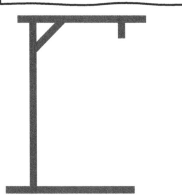

WORD: _____

A B C D E F G H I J K L M N
O P Q R S T U V W X Y Z

WORD: _____

A B C D E F G H I J K L M N
O P Q R S T U V W X Y Z

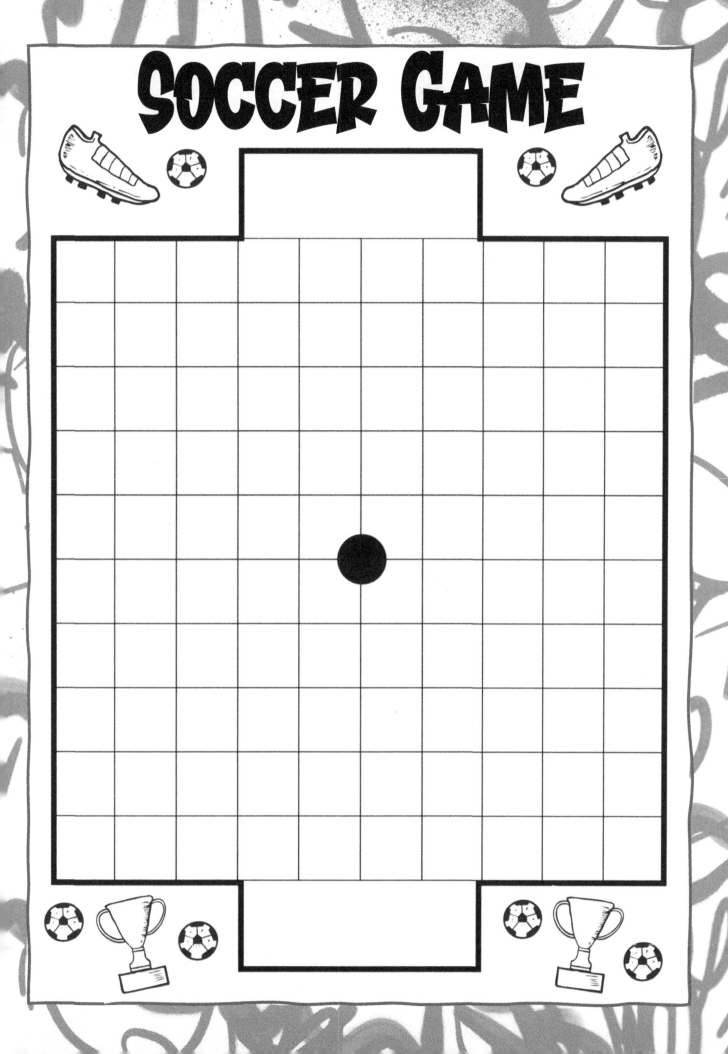

DOTS AND BOXES

Total Score	Total Score

3D WEAVE MAZE #2

Start

Finish

HANGMAN

WORD: _____

```
A B C D E F G H I J K L M N
O P Q R S T U V W X Y Z
```

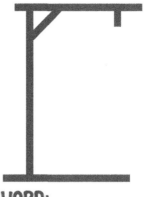

WORD: _____

```
A B C D E F G H I J K L M N
O P Q R S T U V W X Y Z
```

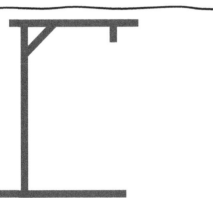

WORD: _____

```
A B C D E F G H I J K L M N
O P Q R S T U V W X Y Z
```

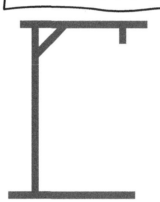

WORD: _____

```
A B C D E F G H I J K L M N
O P Q R S T U V W X Y Z
```

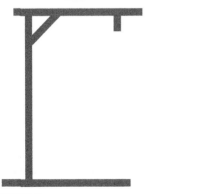

WORD: _____

```
A B C D E F G H I J K L M N
O P Q R S T U V W X Y Z
```

WORD: _____

```
A B C D E F G H I J K L M N
O P Q R S T U V W X Y Z
```

SOCCER GAME

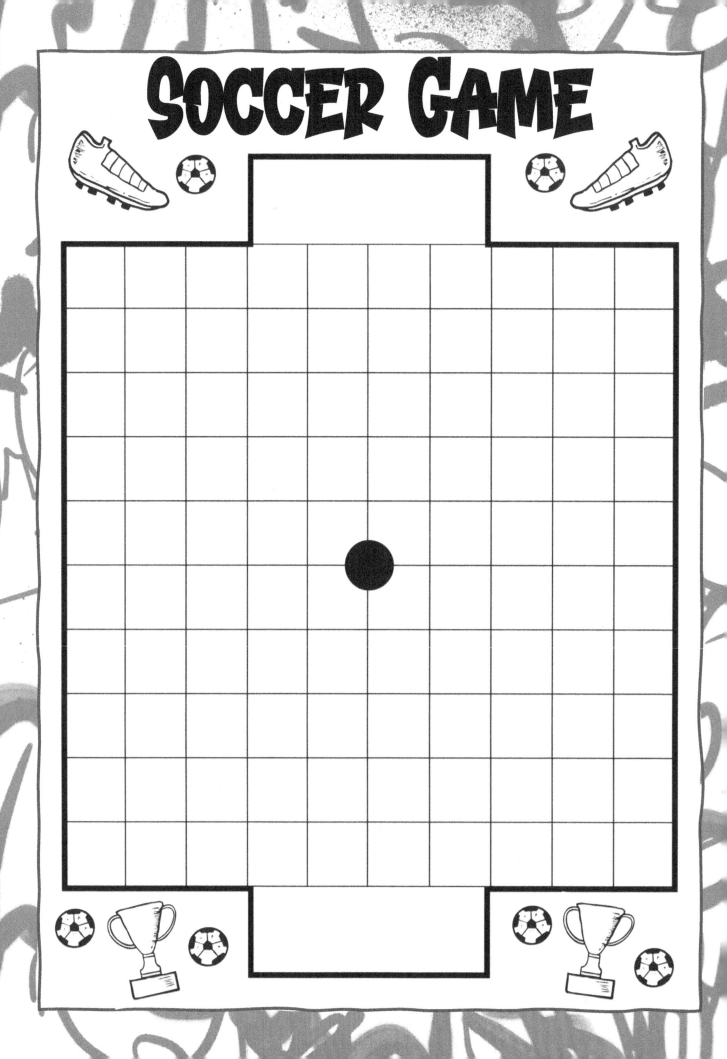

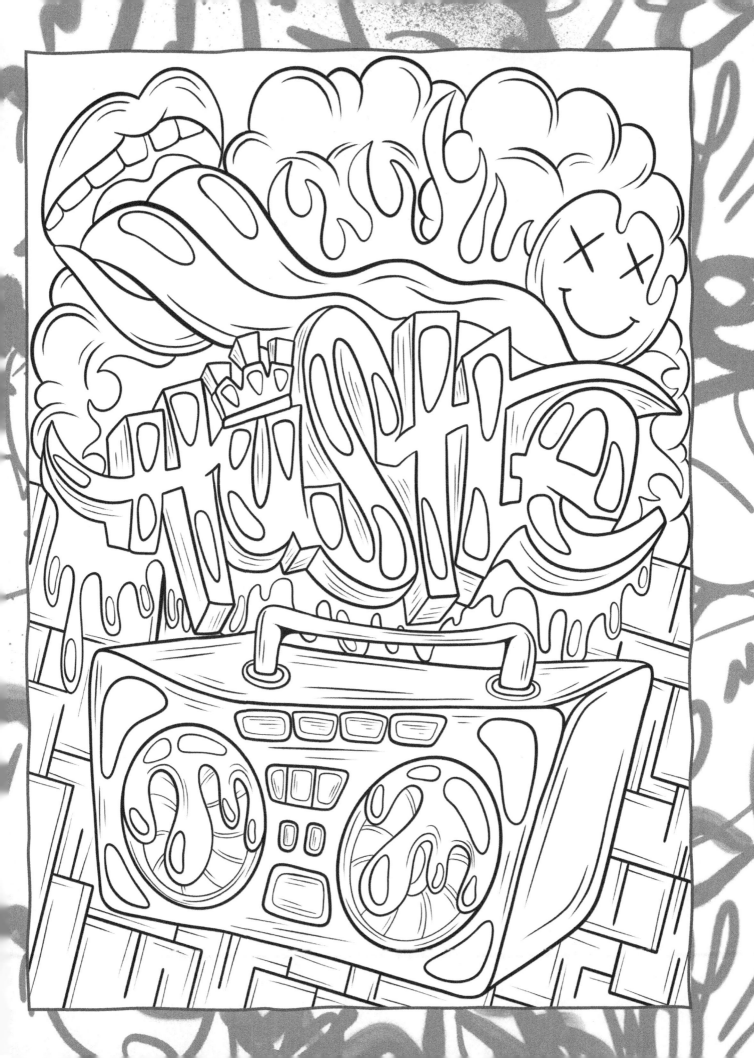

DOTS AND BOXES

Total Score	Total Score

HANGMAN

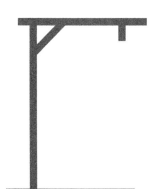

WORD: _____

```
A B C D E F G H I J K L M N
O P Q R S T U V W X Y Z
```

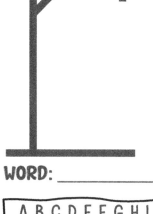

WORD: _____

```
A B C D E F G H I J K L M N
O P Q R S T U V W X Y Z
```

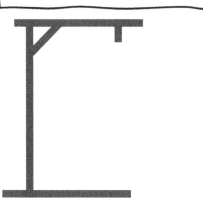

WORD: _____

```
A B C D E F G H I J K L M N
O P Q R S T U V W X Y Z
```

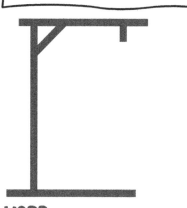

WORD: _____

```
A B C D E F G H I J K L M N
O P Q R S T U V W X Y Z
```

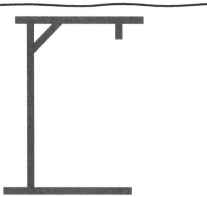

WORD: _____

```
A B C D E F G H I J K L M N
O P Q R S T U V W X Y Z
```

WORD: _____

```
A B C D E F G H I J K L M N
O P Q R S T U V W X Y Z
```

3D WEAVE MAZE #3

Start

Finish

SOCCER GAME

DOTS AND BOXES

Total Score	Total Score

COMIC BOOK
Build your own comic.

HANGMAN

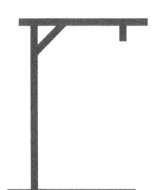

WORD: _____

```
A B C D E F G H I J K L M N
O P Q R S T U V W X Y Z
```

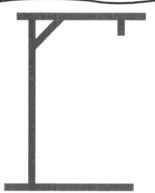

WORD: _____

```
A B C D E F G H I J K L M N
O P Q R S T U V W X Y Z
```

WORD: _____

```
A B C D E F G H I J K L M N
O P Q R S T U V W X Y Z
```

WORD: _____

```
A B C D E F G H I J K L M N
O P Q R S T U V W X Y Z
```

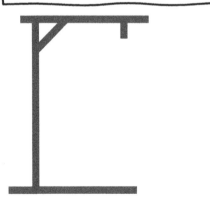

WORD: _____

```
A B C D E F G H I J K L M N
O P Q R S T U V W X Y Z
```

WORD: _____

```
A B C D E F G H I J K L M N
O P Q R S T U V W X Y Z
```

SOCCER GAME

HANGMAN

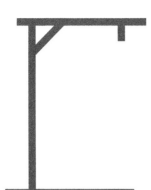

WORD: _____

A	B	C	D	E	F	G	H	I	J	K	L	M	N
O	P	Q	R	S	T	U	V	W	X	Y	Z		

WORD: _____

A	B	C	D	E	F	G	H	I	J	K	L	M	N
O	P	Q	R	S	T	U	V	W	X	Y	Z		

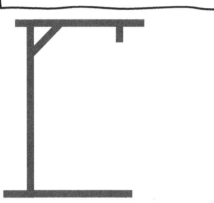

WORD: _____

A	B	C	D	E	F	G	H	I	J	K	L	M	N
O	P	Q	R	S	T	U	V	W	X	Y	Z		

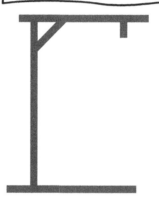

WORD: _____

A	B	C	D	E	F	G	H	I	J	K	L	M	N
O	P	Q	R	S	T	U	V	W	X	Y	Z		

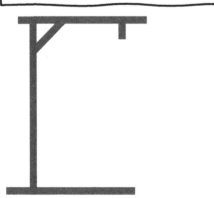

WORD: _____

A	B	C	D	E	F	G	H	I	J	K	L	M	N
O	P	Q	R	S	T	U	V	W	X	Y	Z		

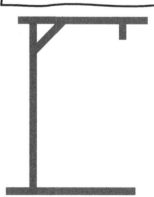

WORD: _____

A	B	C	D	E	F	G	H	I	J	K	L	M	N
O	P	Q	R	S	T	U	V	W	X	Y	Z		

DOTS AND BOXES

Total Score	Total Score

HANGMAN

WORD: _____

A B C D E F G H I J K L M N
O P Q R S T U V W X Y Z

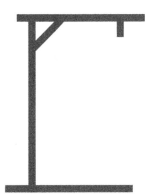

WORD: _____

A B C D E F G H I J K L M N
O P Q R S T U V W X Y Z

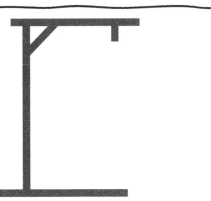

WORD: _____

A B C D E F G H I J K L M N
O P Q R S T U V W X Y Z

WORD: _____

A B C D E F G H I J K L M N
O P Q R S T U V W X Y Z

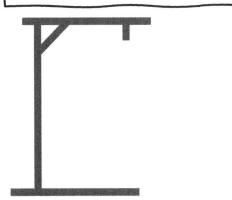

WORD: _____

A B C D E F G H I J K L M N
O P Q R S T U V W X Y Z

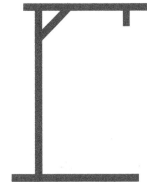

WORD: _____

A B C D E F G H I J K L M N
O P Q R S T U V W X Y Z

SOCCER GAME

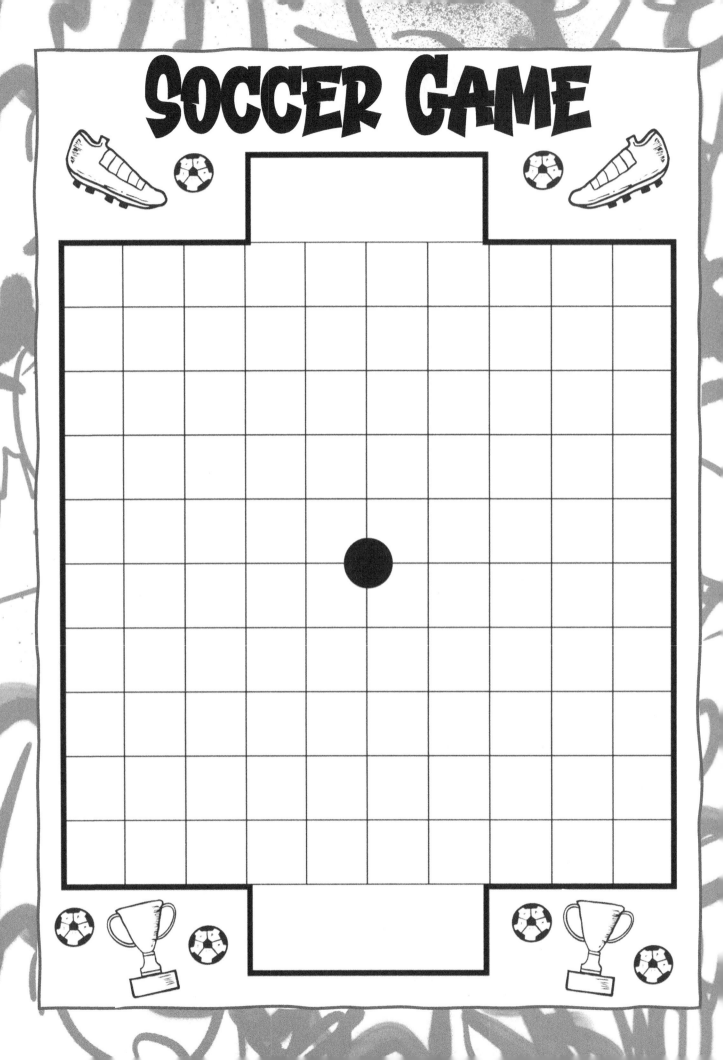

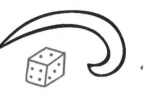

Puzzle 1

7	1	6	8	4				9
8	9	5				4	3	6
4		3		6	5		1	7
3		7	4		8	1	6	2
6				7	2			
2				1		3	7	4
		4		8	9		2	
9		8		5		7		
1			6			9		5

Puzzle 2

2		3	1		6	8		4
8			7	2				
			8	3		7		2
5		7		6			2	8
1		2			8	3		
			2				9	5
6	8	4	9				3	7
7	2			8	3	5		
9	3		4	7		6	8	1

Puzzle 3

4			8	3				7
8		9	5	2	6	4		3
3	5	2					1	8
9	6	3	8	4	5	1	7	
2	4		7		1			
5	7	1	2	3		4		6
	2	9				6	5	
			6	9	7	3		
			5			9		

Puzzle 4

	2	4		7		6		3
6	1	9		4	3	7	8	
7			9	6	8	4		
	9		8	6		1	5	4
1	8	6		3		2		9
5		7	1		9	3	6	
	7		8	9		5	3	6
		8		4				
9	6		3					1

DOTS AND BOXES

	Total Score		Total Score

HANGMAN

WORD: _____

ABCDEFGHIJKLMN
OPQRSTUVWXYZ

WORD: _____

ABCDEFGHIJKLMN
OPQRSTUVWXYZ

WORD: _____

ABCDEFGHIJKLMN
OPQRSTUVWXYZ

WORD: _____

ABCDEFGHIJKLMN
OPQRSTUVWXYZ

WORD: _____

ABCDEFGHIJKLMN
OPQRSTUVWXYZ

WORD: _____

ABCDEFGHIJKLMN
OPQRSTUVWXYZ

SOCCER GAME

DOTS AND BOXES

Total Score	Total Score

3D WEAVE MAZE #4

Start

Finish

HANGMAN

WORD: _____

A B C D E F G H I J K L M N
O P Q R S T U V W X Y Z

WORD: _____

A B C D E F G H I J K L M N
O P Q R S T U V W X Y Z

WORD: _____

A B C D E F G H I J K L M N
O P Q R S T U V W X Y Z

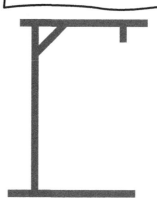

WORD: _____

A B C D E F G H I J K L M N
O P Q R S T U V W X Y Z

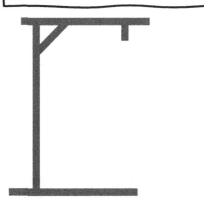

WORD: _____

A B C D E F G H I J K L M N
O P Q R S T U V W X Y Z

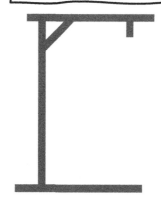

WORD: _____

A B C D E F G H I J K L M N
O P Q R S T U V W X Y Z

SOCCER GAME

DOTS AND BOXES

Total Score	Total Score

HANGMAN

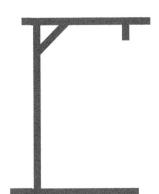

WORD: _____

ABCDEFGHIJKLMN
OPQRSTUVWXYZ

WORD: _____

ABCDEFGHIJKLMN
OPQRSTUVWXYZ

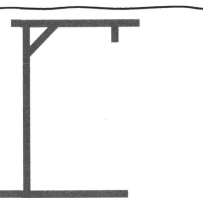

WORD: _____

ABCDEFGHIJKLMN
OPQRSTUVWXYZ

WORD: _____

ABCDEFGHIJKLMN
OPQRSTUVWXYZ

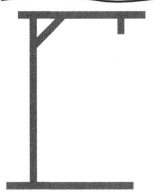

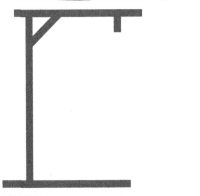

WORD: _____

ABCDEFGHIJKLMN
OPQRSTUVWXYZ

WORD: _____

ABCDEFGHIJKLMN
OPQRSTUVWXYZ

HARD

Puzzle 1 (top left)

5				4	8			
3	6			9	7	1	8	
4		8					7	6
		4	3	2	6	8		
8	2	6	7				4	
1	5		9	8	4	2		
	8			6			5	
		9	4	1				
			8			6	9	

Puzzle 2 (top right)

		5				9		7
8					6	1	5	
		9		5			4	3
7		4					3	1
			5	7		6		4
	8		4			7	9	5
	7			1	4			8
		8	7	9		3		6
		6		3		4	7	9

Puzzle 3 (bottom left)

		5		2			1	6
4		5	6	7	1		8	
		2		3	8	5	7	9
			4	5	3	6	1	
	4			1	7		2	
5	1		9		6		4	7
	7	9	2					
	8						5	2
2								

Puzzle 4 (bottom right)

7	1			2			9	6
		8	9	6				5
		9		1	3	8	2	7
2			6	9				1
9				5	2			3
	5		3			8		
5		6					4	2
9				6	1			8
			1	4		6		9

SOCCER GAME

HANGMAN

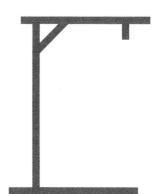

WORD: _____

A B C D E F G H I J K L M N
O P Q R S T U V W X Y Z

WORD: _____

A B C D E F G H I J K L M N
O P Q R S T U V W X Y Z

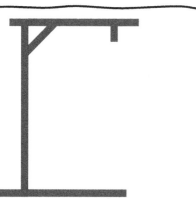

WORD: _____

A B C D E F G H I J K L M N
O P Q R S T U V W X Y Z

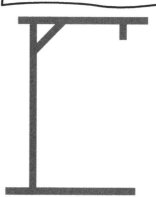

WORD: _____

A B C D E F G H I J K L M N
O P Q R S T U V W X Y Z

WORD: _____

A B C D E F G H I J K L M N
O P Q R S T U V W X Y Z

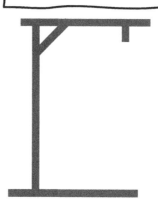

WORD: _____

A B C D E F G H I J K L M N
O P Q R S T U V W X Y Z

DOTS AND BOXES

Total Score

Total Score

COMIC BOOK
Build your own comic.

HANGMAN

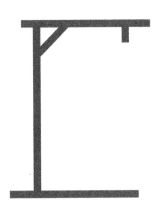

WORD: _____

A B C D E F G H I J K L M N
O P Q R S T U V W X Y Z

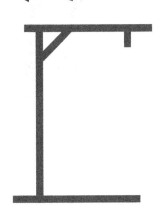

WORD: _____

A B C D E F G H I J K L M N
O P Q R S T U V W X Y Z

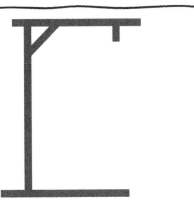

WORD: _____

A B C D E F G H I J K L M N
O P Q R S T U V W X Y Z

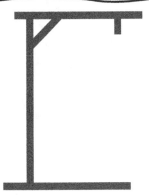

WORD: _____

A B C D E F G H I J K L M N
O P Q R S T U V W X Y Z

WORD: _____

A B C D E F G H I J K L M N
O P Q R S T U V W X Y Z

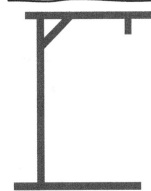

WORD: _____

A B C D E F G H I J K L M N
O P Q R S T U V W X Y Z

SOLUTIONS

Grid 1

8	9	1	7	6	3	5	2	4
2	7	3	8	4	5	9	1	6
5	4	6	9	2	1	3	7	8
4	6	8	3	1	2	7	9	5
1	5	2	4	9	7	8	6	3
9	3	7	5	8	6	1	4	2
7	2	9	6	3	8	4	5	1
3	1	4	2	5	9	6	8	7
6	8	5	1	7	4	2	3	9

Grid 2

4	7	2	5	8	9	1	6	3
6	9	1	3	4	2	8	7	5
5	8	3	1	6	7	2	9	4
1	5	6	7	2	3	4	8	9
7	2	9	4	5	8	3	1	6
8	3	4	6	9	1	7	5	2
3	6	5	8	7	4	9	2	1
9	4	7	2	1	5	6	3	8
2	1	8	9	3	6	5	4	7

Grid 3

6	5	1	4	7	2	8	9	3
8	9	7	3	6	5	2	1	4
2	4	3	8	1	9	6	5	7
4	1	6	7	5	3	9	8	2
5	2	8	9	4	6	7	3	1
7	3	9	1	2	8	4	6	5
1	6	2	5	8	7	3	4	9
9	7	4	6	3	1	5	2	8
3	8	5	2	9	4	1	7	6

Grid 4

3	2	9	6	5	4	1	7	8
4	5	7	9	1	8	3	6	2
6	1	8	7	3	2	9	4	5
9	4	5	8	6	7	2	1	3
7	6	1	2	9	3	5	8	4
2	8	3	1	4	5	7	9	6
8	9	2	5	7	6	4	3	1
5	7	4	3	8	1	6	2	9
1	3	6	4	2	9	8	5	7

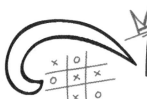 

7	1	6	8	4	3	2	5	9
8	9	5	1	2	7	4	3	6
4	2	3	9	6	5	8	1	7
3	5	7	4	9	8	1	6	2
6	4	1	3	7	2	5	9	8
2	8	9	5	1	6	3	7	4
5	3	4	7	8	9	6	2	1
9	6	8	2	5	1	7	4	3
1	7	2	6	3	4	9	8	5

2	7	3	1	9	6	8	5	4
8	5	6	7	2	4	9	1	3
4	1	9	8	3	5	7	6	2
5	4	7	3	6	9	1	2	8
1	9	2	5	4	8	3	7	6
3	6	8	2	1	7	4	9	5
6	8	4	9	5	1	2	3	7
7	2	1	6	8	3	5	4	9
9	3	5	4	7	2	6	8	1

4	9	6	1	8	3	2	5	7
8	1	7	9	5	2	6	4	3
3	5	2	4	7	6	9	1	8
9	6	3	8	4	5	1	7	2
2	4	8	7	6	1	5	3	9
5	7	1	2	3	9	4	8	6
7	2	9	3	1	4	8	6	5
1	8	5	6	9	7	3	2	4
6	3	4	5	2	8	7	9	1

8	2	4	5	7	1	6	9	3
6	1	9	2	4	3	7	8	5
7	3	5	9	6	8	4	1	2
2	9	3	7	8	6	1	5	4
1	8	6	4	3	5	2	7	9
5	4	7	1	2	9	3	6	8
4	7	1	8	9	2	5	3	6
3	5	8	6	1	4	9	2	7
9	6	2	3	5	7	8	4	1

HARD SOLUTIONS

5	1	7	6	4	8	9	3	2
3	6	2	5	9	7	1	8	4
4	9	8	1	3	2	5	7	6
9	7	4	3	2	6	8	1	5
8	2	6	7	5	1	3	4	9
1	5	3	9	8	4	2	6	7
7	8	1	2	6	9	4	5	3
6	3	9	4	1	5	7	2	8
2	4	5	8	7	3	6	9	1

1	4	5	3	8	2	9	6	7
8	3	7	9	4	6	1	5	2
2	6	9	1	5	7	8	4	3
7	5	4	8	6	9	2	3	1
3	9	2	5	7	1	6	8	4
6	8	1	4	2	3	7	9	5
9	7	3	6	1	4	5	2	8
4	2	8	7	9	5	3	1	6
5	1	6	2	3	8	4	7	9

7	3	8	5	9	2	4	1	6
4	9	5	6	7	1	2	8	3
1	6	2	4	3	8	5	7	9
9	2	7	8	4	5	3	6	1
8	4	6	3	1	7	9	2	5
5	1	3	9	2	6	8	4	7
6	7	9	2	5	4	1	3	8
3	8	4	1	6	9	7	5	2
2	5	1	7	8	3	6	9	4

4	7	1	5	2	8	3	9	6
2	3	8	9	6	7	4	1	5
6	5	9	4	1	3	8	2	7
8	2	3	6	9	4	5	7	1
1	9	4	8	7	5	2	6	3
7	6	5	2	3	1	9	8	4
5	1	6	3	8	9	7	4	2
9	4	2	7	5	6	1	3	8
3	8	7	1	4	2	6	5	9

3D WEAVE MAZES

#1

#2

#3

#4

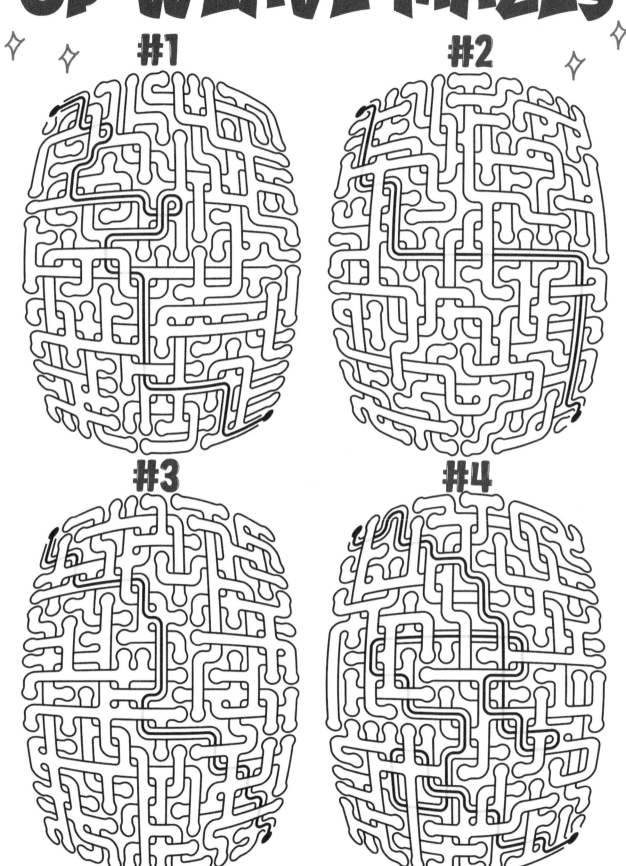

Made in the USA
Las Vegas, NV
06 December 2024

13467866R10057